박 준 홍

제 5 시집

바람의 묘비명

도서출판
스토리팜

앞에 쓰는 말

황소와 허수아비

비빌 언덕 잃어버린 누렁이
느티나무 그늘에 들어
논밭 해친 일 없는지
곱씹어 본다
슬근슬근 되새김질
어금니 닳는 줄도 모르고

가을걷이 저물어 텅 빈
들판
외다리 허수아비 휘청거린다
덧없는 황금물결 그리워
다시 한 번 출렁이고자
손 내밀어 보지만
하늬바람
쌀쌀맞게 돌아서 버렸다

깊어지는 외로움이 좋아지면
친구 생각나지 않느냐면서
허수아비는 짠하다
철 지난 되새김질 아귀아귀
가사 바꿔 노래하고 있을
누렁이 생각으로

2018년 봄

송도 볼레길에서

목차

제 1 부 : 바람의 호미걸이

제 2 부 : 벙어리 뻐꾸기

제 3 부 : 악동들

제 4 부 : 도시왜가리

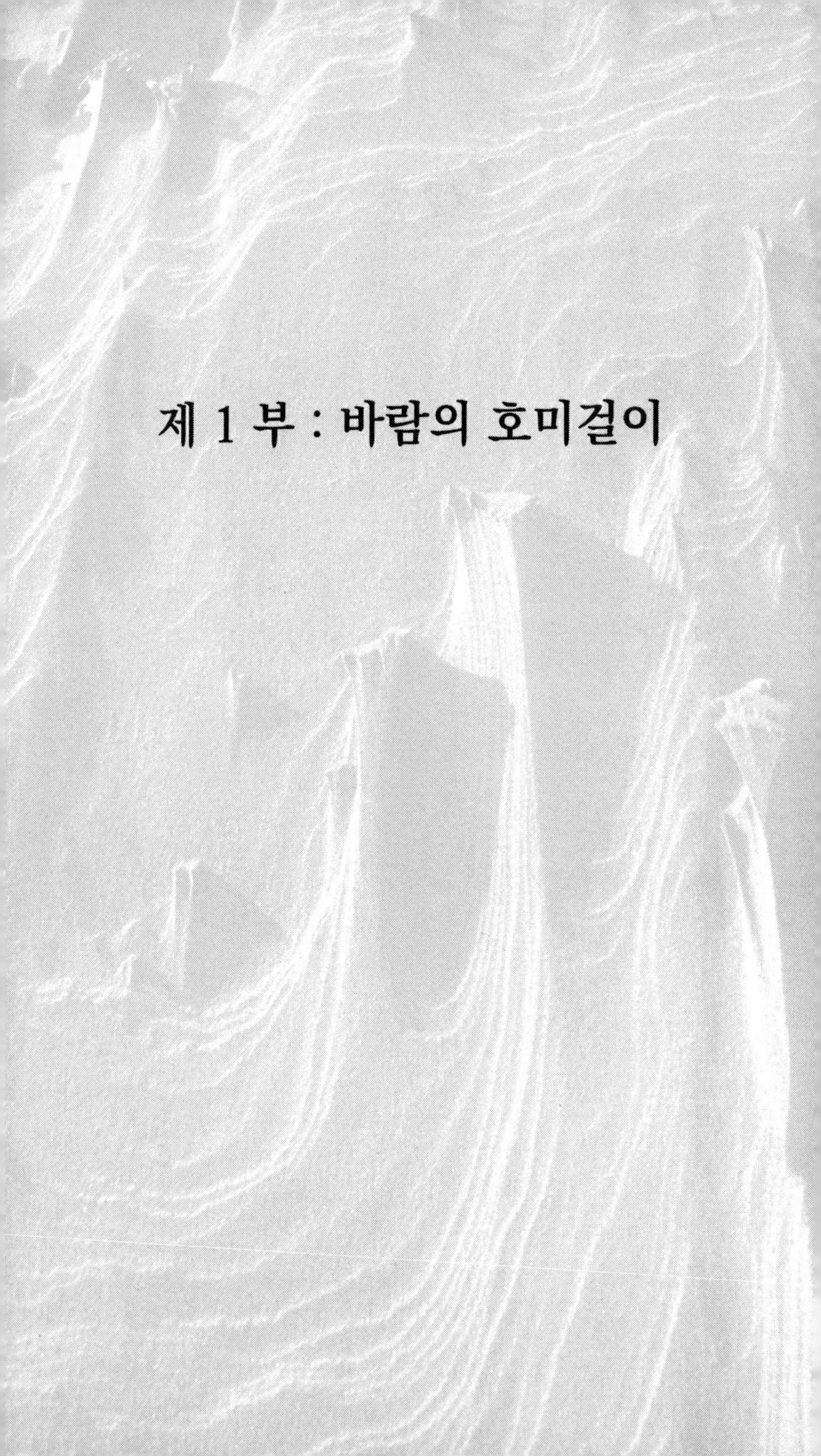

제 1 부 : 바람의 호미걸이

뒷짐 업어 주기

어린놈이 잔망스럽게
뒷짐 지고 뭐하는 짓이야

할아버지 꾸지람
듣는 둥 마는 둥
늦게까지 철퍼덕거리는
개구쟁이이었다는 그는
요즘
틈나면 뒷짐 업어 주러
가자고
볼레길로 나오라 한다

덜어 내어 단출하여라
칠순 중 마루의 삶의 짐
등에 업고 어슬렁어슬렁
비워 낼수록 등허리 꼿꼿
당당한 걸음걸음

깃털이어서 좋아라
바람의 손잡고
노닥노닥
노을빛 물들이는 은빛 머리칼

술시 時

하루해가 정수리 지나
오후의 고갯마루 넘을 쯤에
용케도 찾아오는 손님 있다
출출하다는 이름의

나른한 시간의 타성에 갇힌
영혼의 빈방을 가리켜
감히 술시라고 명명한
허당
그의 현주소
사상누각 이었다

출출함을 변명하기 위하여
갈증이라거나 결핍이라는
사치스런 말 굳이 끌어올
일은 아닐 것이다

막걸리 한 사발로 허기를
숙성시켜
오후의 관성 꾸짖을 수 있다면
술시는 나만의 쓸쓸한
행복일 수 있겠다

출렁이다

춤추다를 출렁이다 로 받아들이곤 했다
출렁임은 울림이고 스스로에게 보내는
응원이라고
춤추는 심박동은 곧 삶이다 오늘을 버티는
허튼춤이라는 비난에도 무너지지 않았다
춤사위 위하여 가락에 몰입한 적 없었지만
몸은 이미 알고 있었다
산다는 것은 출렁이는 몸짓이어야 한다고

너에게 신명은 무의미 하다 하여도
세상은 춤추는 자의 몫이다
불안도 절망도 춤추는 자유 의지
무릎 꿇리지 못했다
절벽에서 돌아서는 첫 걸음 순간부터
내재된 율동이 절로 작동 하는 것처럼
춤추는 새들은 떨어지는 그 곳에서 우아한
춤사위가 된다
날개는 허공이니까

이제부터는 춤추다를 사랑하다로
이해하려 한다 출렁이는 젊음처럼
파도를 곁에 두고 바다 함께 살기로 한다

지팡이의 동행

헐렁이는 무릎 달래면서
노을마루 오르는 길
언덕 아래 살던 친구 이제 없고
떠나면서 쥐어 준 지팡이가 동행이다

소나무 숲길 오르막 중턱에
풀썩 주저앉은 것은 슬픔을
믿지 못하는 금 간 마음이
뒷무릎 잡아채서일까
가쁜 숨 바스러지면 어떡하나
덜컥 겁나서일까
노을 지우는 창문들 어둑어둑
오르기 전 해 떨어질까 조바심이다

강은 바다 만나 흐름 멈춰 서서
길은 여기서 어디로 가느냐고 묻는데
하늬바람 슬쩍 다가와
넙죽넙죽 엎드린 모래섬들 가리키며
서광西光 향한 오체투지 바라보라 한다

길은 끄트머리가 시작이지 않더냐
낯익은 길일수록 지팡이 짚고 가라는

친구의 당부
티베트 산정에서 달려온 타르촉*이
전해 주었다

가로등 불빛 어스름 밀쳐 내며
돌아오는 길 내내
헛헛한 발걸음마다
적막이 어룽거리는 것이었다

*티베트 불교경전을 적은 오색 천

나는 내가 보고 싶다

내가 나를 본다
거울 앞에서

내가 나를 본다
창가에서
낡은 액자 속에서
소설 속에서

(아무것도 보이지 않네)

내가 나를 본다
지워지는 너에게서
당신의 주름살에서
인연의 옷깃에서

내가 나를 본다
나는 없고 너만 있는
나만 있고 너는 없는
나만 없고 너만 없는

수의 壽衣

거뭇거뭇 검버섯 피는
거울 속 내 얼굴에
할아버지의
머나 먼 풍경
겹쳐 올 때

내 영혼이 입고 갈
새 옷으로
바위이끼를 생각했다

눅진거리며 기어오르는
함묵을
까실까실 옷 입혀
천년 침묵 감싸 안아 주는

환승 幻乘

"환승煥乘 입니다"

친절한 안내 이끌려
다시 버스 갈아타고
어디론가 가는 중이다
행선지가 있다는 안도감
얼마나 든든한가

"이번 정류장은 지금입니다
다음 내리실 곳은 내일이구요"

자상하기도 하여라
어김없는 자동 안내
내릴 곳 지나칠까 조바심 내며
손가락 꼽지 않아도 될 터
안심하고 한눈
팔 수 있어 좋았는데

아차!
깜빡 눈 떴을 때 벽력같다
안내 말씀
"이번 정류장은 방금 지나갔구요

다음 내리실 곳은
드디어 종점입니다"

바람의 호미걸이

웃음 띤 용모 단정하더구나
사진 속에서
넥타이 맨 정장 차림으로
꽤나 껍적거리던 시절의 너답게
일흔 넘게 살아 준 몸뚱이 고생시키기 싫어
잠잔다는 핑계대고 홀연 도망쳐 버렸구나

초가을부터 갑자기 수다스러워져
어쩐지 수상쩍었다고
소주잔 주고받는 내내 생각들이
고개 갸웃거리다가
자정 가까워 빈소를 나왔다
살짝 서운해 하는 너의 얼굴 한 번 더
쳐다보면서

돌아오는 길
꺾어진 걸음걸이 기우뚱
가로등에 풀썩 안겨 올려다보는 하늘
별은 없고 전등불빛 안개처럼
어둠 속으로 빨려 들고
너의 목소리 환청이었다

옷깃 스치는 것이 어찌 인연뿐이랴
무릎 솔기 스쳐 지나던 하늬바람
아차, 하고 되돌아와
호미걸이 한 번이면 저승인 것을

지난 겨울은 따뜻하였네

두툼히 잡히는 뱃살
몇 센티는 넉넉히 늘었지 싶다
용감하게 눈씨 쏘아부친다
왼 어깨 죽지 저 안에 터 잡은
통토의 땅 지주님에게
바깥 외출 막아선 주범
한파 경보가 아니라 당신이었다고

겨울잠 들 수 없는 동물 인간이
쌓아야 하는 업보 아니던가
오리털 파카까지 겹쳐 입은 둔중한 몸
숨쉬기 운동은 빼먹을 수 없었지
그렇잖아도 삐걱거리던 무릎
벌겋게 녹슬었을 성싶기도 하고

창밖 저기 바다에서 물 주름 이불
뒤집어쓰고 벌러덩 깃털 고르며
노닐던 아비*보이지 않는다
갯바위 파도 하얀 이빨 들어내고
햇살 반기는 걸 보면 낙동강 둑길 따라
저만치 북상 길에 올랐나 보다

나는 왜 어깻죽지 안쪽이 근질근질
자꾸만 가려워 지는 걸까
동토의 땅 볕바른 어느 기슭 얼음장에
실금 가는 소리처럼
윤슬 흐르는 강심 타고 자맥질하는
아비들 발길질 간지럽다는 건가
툰드라 호숫가에는 빙긋이 미소 번지고

*겨울 철새

시간을 벗어나다
-깜빡거리는 시간

낡은 뻐꾸기시계 버리려다
몸체만 따로 떼 내어
책상 앞에 모셔 두었다
때때로 시침 분침 확인하며
초침의 리듬 귓가에 두어야
비로소 내 심박은 무사하니까

문득 시간이라는 숫자는
삶의 습관을 기억하려고
기둥에 긋는 칼자국이 아닌가
하는 생각이 드는 걸 보면
나는 필시 디지털 시대의
저능아이지 싶다

아침마다 일어나면 날짜를
머릿속에 꼭꼭 다져 두건만
반나절이 못되어서
며칠인지 생각나지 않아
갑자기 하얘진 머릿속을
헤집고 다니기도 하는데

오늘이라는 눈금 위에
빨간 동그라미 그리며
밑줄 치는 순간
증발했던 초침 소리가
어디선가에서 살아 돌아온다

째깍거리던 초침 소리 증발하던
그때
내 혼은 어디에 있었다는 것인지
시詩를 잃어버린 무중력의 아뜩함
그 순간이
영원의 시작점일 것 같기도 하고

봄맞이

새 옷 하나 샀다가 그만

옷장에 개어 넣어야 했다

아 얼마나 따뜻할까

또 한 번의 그 겨울은

바람의 묘비명

어둠 내린 아스팔트
구르는 바퀴 잡으려는
바람의 유희인가
가로수 마른 잎들
회오리 춤사위 현란하다

탈탈 털어 버리지 않으면
무엇이 저토록 홀가분하랴
아, 황홀한 이별의 파티

빌딩 모퉁이에서 깽깽깽
겁에 질린 빈 깡통 소리
비명 지르며 달려 나온다
바람의 발길질에
오지게 걷어 차였나 보다
비렁뱅이질 하다 들킨
떠돌이 강아지처럼

나는 지금
옷깃 여미고
바람의 묘비명 읽는다

들키다
-창 밖에 눈 있다

창밖 먼 산마루 넘는
흰 구름
넋 놓고 좇아가다가

내 안 들여다보는
수상한 눈길 마주치고
화들짝 놀라다

창유리에 찰싹 달라붙은
개미허리노린재란 놈
아무것도 본 게 없는데
찔리는 일이라도 있느냐고
더듬이 빈정거리며
딴청 부린다

시적 표현이라는 미명 아래
숨겨 둔 위선의 전모
녀석에게 들킨 것은 아닌지
가슴 덜컥 내려앉아

하루해 이울도록

나의 시창詩窓 들여다보았다

대열 정비
-풍경 속에 있는 나

해 질 녘 붉은 노을 뒤로 하고
가마우지들 귀가길 시끌벅적하다
교실 문 나선 개구쟁이들
하굣길처럼

한 녀석이 옆에 놈 어깨 툭 치고
뒤로 처지면 어떤 놈은 옆구리 슬쩍
건드리며 앞으로 달아나고
가느다란 실선 오므렸다 늘이면서
나아가는 횡대 흐트러질까
생존 대열 꼭짓점 이끌던 대장 새
꽁무니 쪽으로 처지면서 임무 교대한다

낙동강 하구와 오륙도 이르는
하늘과 땅 사이는 겨울철새 가마우지들
먹이 터와 잠자리 오가는 출퇴근길이었다
허공을 허공답게 비워 두면 거기는
누군가의 삶터라고 시위하는 것처럼

누가 저 슬픈 적막강산에다
생명 끈 한 오라기를 훅 불어 내쳤을까

흐트러질 듯 흐트러지지 않고
끊어질 듯 이어가는 실선 가닥을

아득히 먼 곳 어느 곳에 계실
그 분 우러러
손차양 펼쳐 들고 시린 눈 달랜다

내 안의 봄 풍경

닫힌 귀 열리는가 했더니
눈 감아야 하는
나의 봄 풍경
문 걸어 잠근 어둔 방에
갇혀 버린 영혼은
창밖에서 기웃거리는
파도 소리에게 문 열어 달라고
손 내민다

지난봄 어느 강여울 흐르던
초록 물비늘은 알려 주었지
백사장에 꺾꽂이한 가지 하나가
수양버들 푸른 숲 가꾸어
꾀꼬리 불러들였다고

지팡이가 동행하는
헐렁이는 몸뚱어리
건초처럼 날려 갈 땐 가더라도
친구야 나오시게 햇살 아래로
일렁이는 춘심은
꽃향기 먼저 아니었다네
바람 앞에 출렁거리는

울림이 먼저였지

불편한 손

허출한 하오
때맞춰 찾아온 술시에
순대 한 접시 소주 한 잔
생각나
친구 이름 더듬다가

주머니 안에서
지갑 만지작거리는
나의 손
화들짝
들켰을 때

산다는 것은
한 편의 코미디

내 나이가 어때서

저 멋진 신발 수명 과연
몇 살까지일까
키 높이 굽 닳아 빠져
삐딱 걸음 될 때인가
돌부리에 채이고 채여
코 깨져 꼴 뵈기 싫을 때인가
TV 켤 때마다 워킹화 등산화
운동화 패션화 들 무대에 등장
나 어떠냐고 으스대고 애교 떠는데
그래그래 저거야 저 트래킹화 주인은
바로 나야 딱 나뿐이란 말이야
점찍어 두지만

새신을 신고 뛰어보자 팔짝
머리가 하늘까지 닿을까, 쿵
덜컥 겁이 나고 말았다

그리운 툰드라

언제부터였을까
어깻죽지 깊은 저 곳에
유령처럼 자리 잡은
한랭기단은

기상 이변 아니라는데
원인을 알 수 없는
밤마다 시린 병변
솜이불로 감당하려다
때 놓쳐
어느새 터줏대감 행세
가부좌 틀고 앉았나 보다

어느 날
느닷없이 찾아온
수상한 계절의 정체
차라리
동토의 나라 길라잡이거나
맛보기 체험의 집
모델하우스라면 좋으련만

맘모스가 잠든 툰드라에도

드넓은 초원 하늘 맞닿아 있어
여름이면 들꽃들 방긋거리고
순록이 초록을 뜯는다던데

트럼펫 목소리 기러기 가족
창가에 모여 앉아 먼 설산에게
사랑 노래 들려준다던데

창가의 시간은 가고

사람들은 내가 늘 창가에 서 있었다고
말합니다
그러나
거기 창이 있는 줄 모르고 나의 여름은
가고
어느 날 문득 가을이 왔습니다

창이 있어 하늘은 그렇게 높고
깊었으며
눈부시게 아름다웠던 것을

이제 겨울이 와 창을 내리면
나는 기도할 것입니다
하늘이 언제나 거기 있기를
은하수는 흐르고 샛별 빛나며
하얀 눈밭에 달빛도 뿌려 달라고

그 눈밭에 발목 묻고 선
한 그루 나목 되어
긴 긴 묵상에 잠기게 해 달라고

바다에 관한 기억

아기 게들 맨손 체조 시간에
들어내 보이던 하얀 겨드랑이
눈에 삼삼하여 바다에 왔는가
한번쯤 다녀가면 될 일인데
너는 왜 있는가 여기에
빈 배 노 저어 수평선을
범한 적이라도 있었던가
노 끝에 엉켜 붙는 물갈퀴처럼
끝내 부서지기라도 했다던가
언젠가 들여다본 갈매기 섬
물 맑은 속살과 몸 섞은 후
푸른 아가미라도 들였단 말인가
그 섬 갯바위에 매달리던 파도
황홀한 포말 잊을 수 없었더란 말인가
기억을 지우는 나날이 사랑이라는데
망각 속에 묻어 두고
그리움 키울 줄은 몰랐다는 것인가
파도는 뭍으로 뭍으로만 오를 뿐인데
떠난 파도 뒷모습에서 무엇을 찾고자
너는 왔다는 말이냐 바다 곁으로

제 2 부 : 벙어리 뻐꾸기

초록 바다

검푸른 멍 든 빛 침묵으로
가라앉은 물결
잃었던 제 목소리에
놀라 깨어나다

태초 바다의 언어는
초록이었다는
출렁이는 설렘으로

이마에 남실거리는 햇살
옷소매로 훔치며
지난밤 은하에서 날아온
긴급 통신 생각 중이다

저 우주 어느 귀퉁이에
외로운 초록 별 하나
고개 떨구고 울고 있다는

어떤 동거

갑자기 들이닥친 첫추위
방충망에 들러붙어 염탐하는
작은 나방 방 안으로 들였다
따사로움 추구하는 본능과 의지
같을 거라는 생각으로
하룬가 이틀이 지난 깜깜한 밤
TV 불빛 타고 점선 그리듯 날던
놈의 정체 수소문하였더니
쌀벌레나방이라고 일러 주었다
그렇군, 쌀이 주식인 사이끼리
통하는 작은 구석 하나 없을까 하는
또 한 번 엉뚱한 생각에 미치자
낮 동안 꼼짝 않는 놈의 행방
궁금하였다
책장 구석에 숨은 녀석에게
살며시 손 내밀었으나 화들짝
거부하고 또 사라지고 말았다
밤이면 빛의 무대 휘저으며
날개 춤사위 제법인 걸 보면
사랑을 위해서는 연옥일지라도
기꺼이 뛰어드는
불나비 혈통이 분명하였다

내 외로운 시공간 나눠 쓰며 동거한
녀석의 동면은 처음부터 신기루였을까
어느 날 영영 행방 감추고 말았다
햇살 도타운 봄날이 오면
바싹 말라 바스러지는 시신으로
눈에 띄겠지 지난가을 들여다보던
방충망 틈새 어디쯤에서
그날 나는 쌀독 바닥 긁으시던
어머니의 한숨 소리
다시 들어야 할지도 모른다

옹달샘

솔바람 앞세우고
풀꽃 이야기 따라
까치걸음 뛰어가면

다람쥐바위 아래
산새 들새 쉬어 가는
옹달샘 있지요

맑은 물 퐁퐁퐁
모래 바닥 솟구치면
물매암이들 간지럽다고
맴맴 춤을 추고요

지나가는 흰 구름도
함께 놀자며
슬며시
얼굴 들이밀고요

황조롱이

나는 창공에서
자유로운 영혼
높이 날고
정지 비행으로
눈이 밝아지는

길 잃고
헤맨 적 있지만
한눈팔다
그대 놓친 적 없었다

언젠가 눈멀어
돌아갈 곳
잃을지라도
창공의 목소리
바람에 새겨 놓으리라

나의 광야 찾아가는
나침반이려니

그 후 오랫동안

바람 지나간 지 언제인데
뒤늦게 출렁댑니다
구름이 산마루 넘어간
후에도 물갈퀴
갯바위를 후려칩니다

먼 수평선 어느 곳에선가
간간이 너울성 파도
밀려올 때가 있었습니다

허허로운 물새
날갯짓 전하는 편지
꼬깃꼬깃 접어
서랍에 넣었습니다

물결 잠들고 나면
명경 호수에
붉은 노을 구름
비칠 때가 있습니다

삶을 뒤척이게 했던
사람
생애의 일부 되어
작은 숨결 치받습니다

서녘 하늘 손톱 달
서늘한 빛 눈시울 스쳐
가만히 시린
저녁이 있습니다

왜가리

물억새 흰 머리칼 날리는
봇둑 아래 여울가에서
외로운 생각 오로지
외발 서서 버티던 왜가리
날아오르다 서산 바라보며

외발로 견디기엔
버거웠던지
신음인 듯 탄식인 듯
못다 버틴 외로움이
울대 타고 역류하나 보다

아뿔싸, 저러다
이 밤도
어느 낯선 물가에서
노숙하는 건 아닌지
시간의 문 나서는
내 뒷모습도 저러하려니

웩-웩-
목젖 치받는
핏덩이 같은 울음 찢는

붉은 외로움
노을도 어쩔 수 없다며
서둘러 돌아가고

허수야 춤추자
-허수아비들의 격양가

가을 햇살 따글따글 녹두꼬투리 까맣게 볶아 내는
황금 들판 풍년농사 한 몫 거든 허수아비들 모여 모여
질펀하게 굿 한 판 흐드러지게 벌였것다

당 당그~당~당~당그당그당그 당당~~
머슴살이 서러운 허수야 허수야 오너라
너를 찾아 나섰다가 논두렁에서 세상 뜨신
허수 니 아버님 영혼 모셔왔단다
여보소 허수엄니 허수 쫓아내던 계모 심술 이제는
용서 빌어야 하지 않겠소 주저 말고 달려오소
당그 당그 당그~다~앙~~
올해도 풍년이로세 해묵은 원망이 무슨 소용
목청 드높여 얼쑤~절쑤~ 어깨 팔 다리 휘청휘청
덧뵈기춤 좋을시고 굿거리장단 들썩들썩 가을 들판
주인은 날 새 나야 세상 춤이란 춤은 죄다 들라 하세
허수아비 춤사위는 외다리 춤이요 허튼춤 아니던가
백리 들판 저 건너 굽이굽이 산 너울도
덩실덩실 구름 불러 춤추는구나
동네방네 농부님네들 얼룩배기 상일꾼 앞장세우고
멍멍이란 놈도 데불고 모두모두 나오시오
파수꾼 내세워 논둑 지킨다고 황금 벼는 지나치랴

나락 이삭에 달라붙어 볍씨 까먹는 참새들아
너희들도 어서 와서 덩더 더덩 덩더꿍
어울림 춤판 벌이자꾸나
풍년 인심 아꼈다가 뒤주 안에 차곡차곡 쌓아둔다고
천 석 만석꾼 부귀영화 수수만 년 누릴소냐
당그다당 당그다당 당그당그당그다당~~

촛불

잠적했던 초침 소리
홀연히 돌아와
잠 깨우는
새벽 3시

너의 생각 여전히
켜져 있었다

잠들기 전
흔들리는
그 모습 그대로

연어와 연인

먼 길 떠나는 연어였을 때
슬픈 눈 보이지 않으려
돌아서서
나는 행복하였습니다

먼 바다 풍랑 높다는 물새 울음
기별에
오랜 그리움은 아리고 달달한
가슴앓이였습니다

모천으로 돌아오는 발걸음 소리
가까워질수록
방죽은 높고 견고한
성벽 같았습니다

벙어리뻐꾸기

들어본 적 없었다
어머님의 아리랑
몰래 흥얼거리다가
들킨 적도 없었다
오기는 왔었는지
어머니의 봄날은

오뉴월 뙤약볕이고
콩밭 맬 때도 후비적후비적
땅심 달래는 호미질 소리
들려주실 뿐
후렴 한 소절 들려주지
않았더이다

처녀 시절 어머님 동네 우물가
앵두나무는 꽃 필 줄도 모르는
맹추였던가요
아니면
속내 들키면 어머니란 자리에
생채기 날까 두려워
작정하고 입 다물고 사셨더이까

계절마다 당신의 손길처럼
들꽃들 내밀어 주시는
무덤가에서

꾸-국 꾸-국 꾹꾹-

한 순간도 내색치 않으려고
울대 저 너머로 삼켜야 했던
당신의 그리움을 듣습니다
이제서야 눈치 챕니다

메아리가 사는 마을

메아리와 얘기하고 싶었다
늙은 장송 파수꾼 내세워 지키는
부엉이 골짝에 사는 그들과

노랑할미새 손님 초대해 놓고
풀밭에 둘러앉아
물 동그라미 파문 같은
목소리로 노래도 하면서

깊은 광 속 꿀단지 탐닉하다가
꽃술 범벅 뒤집어쓰고 갈팡거리는
호박벌 버릇 좀 고쳐 달라고
건들바람에게 부탁도 하고

초록나라 나들이 시냇가
갯돌에 앉아 퐁당거린다
뭉게구름 바라보며 유년 친구들
이름 소리쳐 부르고 싶어서
세인*을 부르는 소년 목소리처럼
메아리가 대답해 주려나 하고

*서부영화 주인공 이름

그리운 풍경 하나
-등목

철철 두레박 넘치게
퍼 올리는
엄마표 샘물
내리 쏟아부으면
폭포수 물맞이가 부러울까

미끄덩거리는
너럭바위 아버지 등짝
움찔움찔 소름 돋고
땀띠들 오돌오돌
살려 달라 아우성이네요

가을은 어머니 마음

깔깔한 11월 볕살 한 사발
길어 놓고 기도하듯이
도끼 손 담궜다 뺐다
연신 손가락 담금질이다
사마귀
엄마 손 벼르기 위하여

태어날 새끼 덮어 줄
포대기 꿰매야 할
바느질 손길에 날 선 서슬
묻혀서야 될 일이냐고

여름 내내 떨기 숲 머리 위
짓누르던 산벚나무
서둘러 잎새 떠나보내고
햇살 맞으라 하늘 문 열어 준다
그늘에 가려 파리한 망게
빨갛게 여물어야 한다고

단풍도
열매도 곱게 익을 줄 모르는
가을은

겨울이면 적막하지 않겠느냐면서

천마산

천마산에 천마는 없었다
바람은
바람대로 이루지 못하더라도
온전해야 함으로

천마산 가는 길은
하나뿐이어야 한다
내 안의 나 여럿 가운데
단 한 사람이 올라야 함으로

비오는 늦가을
삼나무 숲 비탈 경계 저 너머
운무 속에서
망아지 울음소리 들어야 한다
전설은 죽었어도 이야기는
살아야 함으로

저물녘
창가에 앉아 천마산 올랐다
내려오는 길에는
지팡이 짚어야 했다
오르막에 버렸던

신화라는 이름의 지팡이를

여름 일기(1)
-소나기

기마부대 기습작전같이
들이닥치다 소나기
제 맘대로
가슴 뚜껑 열어젖히고
폭포처럼 쏟아 퍼붓는다

몸뚱어리 저 깊은 곳
나의 두멍 목말랐었던가
물기둥들 키 세우는 소리
우르르 우르르

잎 비료 분무 작업 반나절이
말짱 도로묵 되어 버렸다
다 하늘께서 하는 일 아니냐
애써 무심한 척
초보 농사꾼 귀촌 친구는
연신 얼굴 훑어 내리며
귀가 채비 서둔다

머리 허연 칠순 늙은이
둘이가

빗줄기를 도롱이인 양
온몸으로 걸쳐 입고
개구쟁이처럼 철퍼덕거리며
들길 돌아 나온다

동구 밖까지 마중 나온
5백 살 느티나무 어른께서
어여 들어오라 손짓하신다
소나기는 아무튼
피하고 보는 거라고

여름 일기(2)
-이열치열

사랑의 추억이 굳이
낙엽 구르는 벤치에만
있으란 법 있는가
배동 오르는 벼논 물향기
입김처럼 훅훅 끼쳐 오는
농염한 대지의 체취
뉘라서 거역하리오

8월 염천
어우러져 따먹어야 하는
사랑의 속살 맛 그립거든
복숭아 과원으로 오시라
풍만감 손아귀 가득 잡고
넌지시 비틀어 당겨 보시라

툭!
현기증인 듯 묵직한 손 맛
달달한 촉감의 풍요여
계절의 절정에서 그대는
잃어버린 이열치열의 비법
다시 맛보리니

여름 일기(3)
-영감님 생각

꼬부랑 할머니
유모차에 매달려
돌담 골목 비탈 오른다
쇠똥굴이 소똥 굴리며
풀밭 길 헤치듯
되똥거리며

산골 마을 오후의 정적
주렁주렁 매달고 서 있기엔
심심했든가
키다리 먹감나무
툭툭 땡감 내던진다
지열 훅훅 찌는 땅바닥으로

바퀴 밑까지 굴러온
땡감 하나
유모차 발걸음 막고 서서
걸리적거린다

영감탱이 살아생전 잔소리처럼
아무짝에도 쓸데없다고

귀찮기만 하다고
땡감에게 발길질하며
심통이라도 부리고 싶다

땡감 떨어져 구르는 소리
탱탱 거릴 때마다
부아가 뒤집히는지
앞산 마루에 걸린 흰 구름에게
눈 흘기며 괜한 화풀이다

여름 일기(4)
-중택이의 귀향 길

큰물 지면 이 도랑물 따라
은어가 떼 지어 올라왔었지
야-아! 약수처럼 향긋한
그 수박 향 하고는

피라미 붕어 꺽지 뱀장어… 잡으러
첨벙 뛰어 들었다
여뀌풀 물뿌리풀 냇바닥 뒤덮어
돌돌 구르던 물소리 숨통
꽉 틀어 막혀 버린 냇물로

흐르는 냇물마저
속도 경쟁 시대를 살아야 하는가
바야흐로 물길도 고속도로 시대
시원하게 뚫어 낸 굴삭기란 놈
과연 위대하였다
물매암이 물 동그라미 수놓던
물돌이 웅덩이 깔아뭉개고
비단물살 윤슬여울 삽시간에
갈기갈기 찢어발기다니

시멘트 포장 시원하게 뚫린 물길
고속도로가 왜 낯설다는 것인지
모처럼 고향 찾아 먼 길 나선
중택이*는 낯익은 고향 길
또다시 잃어버리고 여전히
낯선 타향을 떠돈다는 풍문
묵정밭 잡초처럼 무성하고.

*버들치의 사투리 중피리라고도 불린다

꽤 괜찮은 풍경화

산 너울 굽이굽이
저 너머
흰 구름 오가며 지켜보는
아지랑이 나라 언덕배기에
노랑나비 젖은 날갯짓 같은
그림 한 폭 걸어 두고
허청허청 여기까지 왔으면
꽤 그럴싸한 풍경 아닌가요

초록 강물이
금빛 모래사장 손잡고
도란도란 이야기 나누고
강변 따라 키다리 포플러
늘어선 방축 길엔
갈래머리 소녀가
종달새처럼 지절대는
수채화
한 점 걸어 두고 왔으면

제 3 부 : 악동들

철 지나는 바닷가

백사장 차지하던 그 많던
파라솔 천막들 다 어디로 간 걸까
어제까지 줄줄이 제자리라고
주장하더니 큰소리치더니
간밤 천둥 번개 요란하게 퍼붓던
소나기에 흠씬 두들겨 맞은
바다는 멍 자국 지우려고
철부지처럼 제 몸에 하얗게
덧칠을 해대고
또 한 계절의 내 나이테는
이지러질망정 둥실한 궤적만은
이탈하지 않으리라 다짐하건만
여름이 버리고 가는 눈부신 폐허
어디에도 발자취 찾을 수 없다
백사장 구석진 가장자리
경계선 따라 개미처럼 꼼지락대는
까만 점 하나는 누구의 발걸음인지
행선지는 어디 일까 수소문하려 해도
파도가 기억하는 일은 그 어디에도
없다고 손사래치고 고개 저을 뿐이다

눈에 밟히다

지나쳐 버려도
그만인 것들
애써
찾아들어 눈에 밟힌다

지하도 계단 층층
발끝 부딪치며 스러지는
은행잎들

마음 한 쪽 모서리가
서늘해지는 걸 보면
아직도 여윌 그 무엇이
남았다는 것인가요

어제까지
행려 엎드렸다 떠난 자리
온기 한 올 남아 있으려나
시멘트 바닥에
납작 엎드린 골판지
발길에 채일세라
조심스레 비켜 간다

풍란 향 香

실바람 살결 화장수
잔향인가

갓 배동 오른 삐삐
속살 같이 달보드레한
아가야 볼 배냇짓 같이

보일락 말락
하얀 버선코 스치는
승무 춤사위 한 순간의
적막같이

살짝이 나선 바람의 순라
그만 들키고 말았네
고샅 모퉁이에서 마주쳐

틈새기에 대하여

천둥 번개 아뜩한 틈새로
스며드는 물방울이
소나기로 내리 듯
빽빽한 도시 소음 틈새기마다
새들의 노래 깃들어 살고 있었다

길 가다 말고
가로 화단 꽃댕강나무 울타리
사이사이를 뒤져 본다
재잘대는 참새 시골에서처럼
수다스러운가 하고

보도 벽돌 갈라진 틈새 비집고
깃들어 살아
씨앗 맺는 잡초들 있었다
도시 새들이 모이 삼는
바랭이 피 강아지풀 까마중…

너와 나의 틈새에도
사랑은 비집고 깃들어야 하느니
갈라지고 멀어지는 징조라고
지레 겁먹고 경계할 일 아닌가 하오

고개 들어 바라본다
금정산 무명 바위 틈새에
뿌리내린 낙락장송을

낙동강 노을

흐름 멎으면
이미 반역이다
강은 늘 발원發源을
꿈꾸었음으로

활활
타올라서 좋으리
모반의 불꽃

관모 벗어 털어 버린
배알 없는 갈대로 서서
서걱 거렸더니

기우뚱거리는
중심 곁으로
하늘 다가와 아뜩하여라

물새 울음 도닥이는
강물
서광西光의 아우라 눈부셔
고개 숙인다

길은
여기서 또 한 번
시작이라고

이별 연습

껄렁이 바람 손길에
머릿결 하얗게 빗는
물억새는
왕버들 숲 거느린 둔치와
이웃으로 살았다

그 이웃에 또 한 이웃
왜가리는 외발로 서서
외로움 버티느라
힘겨워하고

찬비 오고 무서리 내리고
야윈 잎새들
한 잎 두 잎 떠나가는
가을 깊은 날

외로움을 들쳐 업고
여울 떠나는 왜가리에게
물억새가 묻는다
어디로 가느냐고

노을 너머 살고 있다는

외로움이 그리워
그를
찾아가려고 해

그래 너는 좋겠구나
아직도 갈 곳이 있다니까
나는
저 눈 부신 꽃노을이
낙조落照인 줄을
이제야 알았는데

각개전투의 시간

바깥 풍경이 낯설게 다가올 때가 있다
유리창이 국경이라도 되는 것처럼
내다보는 저기가 과연 내가 소속되었었던
세상이 맞긴 맞는가 하고

등허리 늘어지게 기지개 켜는가 했더니
눈앞의 비둘기 향하여 낮은 포복 돌변하는
길냥이의 야성 처음 보는 것은 아닐텐데
오늘따라 눈길 잡아채고

'대한의 사나이는 조국이라는 이름이
아니면 어떠한 일을 당해서도
결코 낮은 포복은 있을 수 없다'는
논산훈련소 각개전투 호랑이 조교의 훈계
갑자기 떠올리다니
이 무슨 생뚱맞은 상상이란 말인가

미리 기고 알아서 기어야 하는 일
많았던 세상살이
박박 기지는 않았지만 어쩔 수 없이 기는
흉내는 낼 수밖에 없었던 때가 있었다고
고백해야 하는 나의 풍경은 또 얼마나 낯선가

겨울 고지 전투에서 생존 지켜 낸 길냥이 병사
자동차 밑 타이어 뒤에 바싹 붙어
길 건너 개나리고지 향하여 각개전투 돌입이다
지형지물 정찰하는 눈초리에서 레이저 서슬
뚝뚝 떨어지고

낮은 포복 숙달된 자세가 어찌 한 끼 먹거리
사냥을 위한 속임수 몸짓에 불과하랴
저 먼 세랭게티 초원 시절부터 그대 조상에게
물려받은 거룩한 삶의 계율인 것을

길냥이 용사 파이팅
고지가 바로 저기 아니냐
깃털 같은 햇살 간질간질 눈살에 내리면
노곤한 봄 졸음 삼매에 빠져서 좋을
봄 고지 탈환이 눈앞에 오지 않았느냐

아침의 나라

도심 거리
자투리 화단 구석진
바랭이 풀섶이
달싹달싹

시설지절

북데기 속 깃들어
참새 가족
밥상머리 얘기꽃이
은밀하다

아,
내 일찍이 가고 싶었던
'고요한 아침의 나라'
거기 있었네

소원

-금샘

내 죽어 금샘 가에 살게 되면
백 년 가물어도 범어사 계곡에
금빛 물소리 끊이지 않게 하여
말씀에 가는 귀 먹은 이들에게
맑은 풍경 소리 듣게 해 주어야지

내 죽어 금샘 가에 살게 되면
한 평생 보릿고개 걱정하다
세상 뜨신 어머니 모셔다가
금빛 자르르 흐르는 쌀밥 한 그릇
차려 드려야지

내 죽어 금샘 가에 살게 되면
금정산 금샘 처음 찾던 날
이제 막 싹 틔워
하늘 기대어 뿌리 내리던,
누군가가 훔쳐가 버린 실낱같던
그 아기 소나무 찾아다가
신선이 학 더불어 노닐 수 있도록
미인송으로 키워 내야지

악동들

참으로 오랜만에
별명 부르며 놀려 대던
악동들 목소리 듣는다
맹꽁 맹꽁……
장마철 큰물 지면
늘판에서 나는 너에게
너는 나에게
맹 맹~ 꽁 꽁~
개구리 합창을 아스랗게 밀쳐 내던
맹꽁 맹꽁 맹꽁~

요놈들 내 기필코 잡아서
혼꾸녕을 내줘야지
물구덩이 가장자리 풀숲에 숨어
숨소리 죽이며 기다려도
기척 없던 녀석들이
살며시 눈길 돌리는 순간
뒤에서 멍~
옆에서 꽁~
이어서 그 곁에서 주거니 받거니
맹꽁~맹꽁~

화가 나서 씩씩거리며
눈 흘겼더니
요놈들 모두 들고 일어나
맹꽁~맹꽁~
눈앞에 두고도 못 찾아내는
네가 바로 맹꽁이 아니냐고
놀려 대던 악동들

서운암 금낭화

두 팔 벌려 감싸 안은
영취산 너른 품안에
연초록 자비 자욱이 내리다
햇살 올올 물들이며

등불인가 초롱초롱
다홍 줌치들
연필에 침 묻혀 가며
받아 적은 목탁소리
고이 접어

아무도 모르는
곳에
갈무리 하렸더니
그 말씀 얼비치네
황금빛으로

바람이 전하는 말

지구가 우주의 간난 아기로 태어났을 때
그 곁에는 바람이 지키고 있었으리라
초록별 최초 설계자 임무 부여받고

고봉준령들 내달리는 산맥들을
먼저 디자인하고
우레 같은 야성으로 광야를 유린하되
태양의 궤도를 벗어나지 않도록
밑그림을 그렸을 것이다
바람의 야성 본능은 파괴가 아니라
펄펄 날뛰는 불덩어리 달래어
지각을 갈고 다듬는 조각가의 손길이었으리라

다대포 백사장 모래톱이 파도와 만나는
끝자락에서 지난 밤 다녀간 바람이 남긴
기록을 읽는다
극사실화 화법 마음껏 펼쳐 고향 그리는
절절한 마음 새겨 놓은
파미르 고원 만년설산 눈보라 속에서
포효하는 눈표범의 생존 외침을
기억하라는 뜻으로 해석 한다

별꽃 이야기

옛날 옛날 먼 옛날
나의 살던 마을에는
꽃가지 하나 부러뜨려도
죄 지었다 두려워
고개 숙이는
소녀가 살았습니다

죄짓고도 뻔뻔한 사람들
많고 많은 세상 부끄럽다고
부러진 꽃가지처럼 영영
땅만 바라보며 살다 간 소녀
무덤가에 별똥별 떨어지며
흘린 눈물 소록소록 쌓여
꽃으로 피었다는 전설 있지요

작은 죄 앞에서도 부끄러워
흘리는 참회의 눈물이
반짝이는 참별 아닐까요
땅에서도 초롱초롱 빛나는
별꽃처럼 말이에요

벚꽃 계절

천마산 비알 비알이
가렵겠다
면화창綿花瘡으로

하루밤 새
양떼구름 거느리고 오시는 분
누구신가

아직은 목초 뜯기
이른 계절일 텐데
새파란 초원 찾아
어디론가 떠나는 길은 아닌지

산비탈
작은 동네 골목 끝 집
박 할머니
양떼 이끌고 지나시는
목자 소매 잡고 매달려
소식 캄캄 자식 놈
행방 묻겠다

벚꽃 앤딩

함박눈 내리는 날
우산 쓰고
벚꽃 가로수 길
걸은 적 있다
마중 없이 새 세상은
오지 않으니까

꽃비 내리는 날
우산 쓰고 걷기로 했다

적막을 두드리다
되돌아가는 봄
뒷모습이 너무 멀고 아파
살포시
떠받쳐 주고 싶었다

봄비 소리

쌀비 내리네
싸륵싸륵 싸르륵
우산 쓰고 듣는 소리
낱알 떨어져 구르는

배불뚝이 우리 집 쌀독
불쑥 내미는 배
쓰담쓰담 울 엄니
저녁밥 바가지로
하얀 쌀알들
고봉 넘치는 소리

아비가 왔다

아비가 왔다
벗어 던지는 발자국에 멍들어
검푸른 파도 주저앉을 때
물안개 휘장 드리워 주려고

가마우지들
겨울 바다 물놀이 자맥질
한 수 가르치려고 왔다
아비가 왔다

용궁으로 떠난 거북이
옛집 허물어지고 있다는
소식 전해 준
청둥오리 가족과 함께 왔다
거북섬에서 쉬었다 가려고

수변 공원 시멘트 바닥에
곤두박질치는
괭이갈매기 깨진 목소리
무쇠로 굳기 전에
북극곰 하얀 콧김
쐬어 주면 낫는다 하기에

빙산 몰고 다니다 지친
한파 대부대 이끌고
겨울 바다의 진객이 왔다
아비가 왔다

겨울에 피는 꽃

우듬지 하수지 도장지…
생떼 같은 가지들 잘려나가고
길거리에 나앉은
가로 울타리 틈새 비집고

빨긴 꽃 피워 내밀어
시린 손 잡아 준다
얼어붙는 발자국
녹여 가는 게 좋겠다고
잠시 길 내려서라 한다

어차피 저무는 해 혼자 둬도
길 잃는 법 없다면서

하늬바람 못 잊어
동지섣달 반기는 동백처럼
안으로 열 많으면
겨울나기 수월할까

곁불 쬐려고
바싹 다가 앉았다가
얼굴 화끈거려

내렸던 길 애써 오르다

볼레길 연풍

하늬바람에 발목 잡혀
늑장 부린 해 서방님
도화
앵돌아지는 앙탈에
몸살 나겠네

갯바위 으르고 달래며
티격태격 썸타는 잔물결
사랑 놀음에
일편단심 곰솔노총각
봄바람 나겠네

통성명 通姓名

볼레길 공원 숲길
드나드는 동안
단 한 번도
내 이름 소개한 적 없는데
바닷바람 잡고 토닥거리던
곰솔들
벼룻길 모롱이 돌기도 전에
반갑다고 긴 팔 흔들어
인사말 건네고

빨간 꽃잎 노란 꽃술에
얼굴 묻고 화장하던
동박새도
발짝 소리 낯익다고
이제는
눈 감고도 알 수 있다고
포로롱 포로롱
날갯짓 인사 먼저 하지요

파도치는 나날

오늘도 파도가
저토록 출렁이는 것은
어제의 설렘을
알고 있다는 뜻일까

바람의 나들목
갯바위 등에 내려
날개 쉬는 물새
바람의 한 치 앞은
알 수 없다고
끼룩끼룩 하소연이다

한 조각 뜬구름
수평선 잡고
길 묻지 않는 것은
파도에 길 막힌 바다
세상 어디에도 없음을
알고 있기 때문이다

제 4 부 : 도시왜가리

어떤 시론 詩論

그는 가난한 산야가 시를 쓰게 했다고
가난의 흔적에 대하여 얘기하였다
무르팍에 남아 있는 부스럼 자국 같은
유년의 기억을 팔아먹고 있다고

닷새마다 거름지고 장 따라 나서던
아버지는 고약 한 통 사올 줄 몰라
어머니와 목소리 키우던 불화가
낮달처럼 화인火印으로 가슴에 남아
휘영청 밝은 달은 쳐다볼 줄 몰랐었다고

진달래 먹던 시절의 입술 퍼런 결핍이
팔뚝의 우두 자국처럼 희미하게나마
남아 있을 때 시를 붙잡아도 늦지 않다고
덧낸 가난의 상처를 그리움으로
불러내야 한다고
시론 강의를 끝맺곤 하였다

그래서 그럴까 그의 시에서는
쟁기질에 지친 늙은 황소가
느티나무 그늘에 누워 되새김질하는
어금니 닳는 소리가 서걱거린다

사막을 걷다

어슬렁거리다 주저앉아
노닥거려도 좋을
그런 그늘 어디 없나 하고
여기 멈칫
저기 기웃거렸더니
거기가 거기

발걸음들 뒤따르는
뚜벅뚜벅 뚜벅이에게
그늘 찾아가느냐 물으렸더니
그림자가
그늘 어찌 아느냐고
손사래 치며 멀어진다

가로수 뻣뻣이 서서
그늘 내어 줄 줄 몰라
쭈삣거리고
거추장스런 그늘 따위
걸칠 이유 없다 하고
빌딩들은
뭉텅뭉텅 그늘 잘라먹고는
제 그림자 덩치 키우느라

허둥지둥 기우뚱거릴 때

타워크레인 어깨에 걸터앉은
신기루는 빈정거린다
장대 그늘 짙다 한 들
엉덩이 한 뼘 쉴 수 있더냐고

생각하는 창

우뚝우뚝 하늘 치받는
콘크리트 빌딩 숲
연명을 위한 숨구멍들이
누구에게는 창이어야 했다

언제나 떠나기만 하는
계절의 뒷모습 따라나서는
고독한 나의 아름다운 창

외줄 타는 거미처럼
눈물 한 방울로 매달려
너의 창 들여다보라고
손등에 턱 고인 모양으로
우두커니 앉아 있는
내숭 덩어리 만나 보라고

그와 눈 마주치기 전까지는
천 년이 흐른다 해도
너는 생각하는 청동으로
거기 웅크리고 있어야 한다고

지나가던 조각구름이

던지고 가는 말
쓴소리인지 신소리인지
생각하면서

사람이 먼저

엄지 아니고
패거리는 더욱 아니고
선생님은 더더욱 아니란다

오직 사람이 먼저일 뿐

솔깃하게 다가오는 말 말
울림의 진원지 찾아 가까이
다가가 보았더니
나보다 먼저인 사람들
진을 치고 접근금지 현수막
높이 내걸고 있었다

여러 갈레 길 헝클어지는 교차로
이정표 없어 두리번거리는데
지나가는 행인들 성난 얼굴로
너는 늘 네가 먼저 였다고
눈씨 쏘아 댄다

아차 하고 눈길 돌리는
그곳에는
한 톨 줍쇼 눈치 보며 다가오는

거지비둘기 빨갛게 부르튼
맨발 있었다

언제 부턴가 나는 사람다운
사람 대열에서 벗어나
엉뚱한 줄에 서 있었다는 것인데
사람의 줄과 사랑의 줄은 하나인가
평행선인가

비둘기를 찾아서

노오란 햇살 내려 쌓인다
해변공원 놀이터 벤치 위에
산수유 꽃술처럼

갓 걸음마 뗀 돌쟁이 걷기놀이
되똥되뚱
비둘기 좇으며 까르륵 신난다
푸드득 나뒹굴며 쫓기더니
이내 풀썩 고꾸라진다
다리가 한 쪽뿐인 외다리 비둘기
전장에서 소식 물고 날아 온
전서구傳書鳩는 아닐텐데

짝짝궁 박수 엄마 응원에
다리 기운 뻗친 아이는 다시
손 뻗어 다가가 잡으려 하자
이번에는 머리 처박고 나뒹군다
남은 한 쪽 다리에 낚싯줄 칭칭
동여 매단 뭉개진 발가락 뭉치
통신관通信管*은 아닐텐데

아스팔트 바닥 짓찧어 깨어진

부리에 매달린 실 가닥은
또 무엇인가
목구멍에 걸려 혀처럼 길게 늘어뜨린
낚싯줄 앗, 저것은
분명 올리브가지는 아닐텐데

*통신문을 넣는 작은 통

도시 왜가리

지하철역 계단 입구
모서리
웬 왜가리 내려앉아
앙상한 울대 훑어 낸다
절규인가 울분인가
적막 같이 공허한데
언젠가 배곯던 시절 끼니 때운
피라미 한 마리까지
토해 내야 한다고 도시는
엄중 문초 중이다
꾸역꾸역 쏟아져 나오는 인파
어디론가 흘러갈 뿐
틀어진 팔목, 반쯤 꼬인 손에
들어 보이는 편지봉투 묶음
거들떠보는 이 한 사람 없다

삶이라는 객소리조차
미치지 않는 메아리의 빙점
여기는
어느 장애우의 생활 전선
엉덩이 한 쪽 걸치기 위하여
자리보전 투쟁 나섰다

돌아서면 낭떠러지뿐인데
웨-ㄱ- 웨-ㄱ -
발성조차 뒤틀린 호객 소리는
폐병환자 객담처럼
아스팔트 바닥에서 곤두박질이다
어둑어둑 거리에는 땅거미 내리
도시의 하루가 마지막 경련이
훑고 지나친다

을숙도 갈대들은

해 질 녘 을숙도 갈밭
고향에서 고향 잃고
갈대들 노골老骨 가무릴 줄 몰라
어정쩡 서 있었다
머리 빠짐 돌림병 몰고 온
계절풍 지금은 이디서 불고 있느냐고
서걱서걱 굽은 등 서로 기대면서
이제 막 태평양 건너 온 목청 맑은
청도요 젖은 울음은 묻는다
흐름과 흐름으로 만나 속살 얼싸안고
얼쑤절쑤 덧뵈기 춤판
그 시절 되돌릴 수 없느냐고
노을빛에 발목 잡힌 갈대
때 늦은 다짐들을 쏟아 낸다
바람 앞에 고개 잠시 숙였을 뿐
꺾인 적은 없었노라고
바다 쉼 없이 달려오고
강철 수문 저 너머에서는 할아범 목소리
출렁출렁 당도 하고 있지 않느냐고
숨넘어가는 명줄 한 오라기 놓지 않는 한
결코 스러질 수 없음이니
물빛 맑은 흐름으로 천년 흘러

이룩한 모래톱
물새들 울음 품어 웅숭깊은 을숙도에
뿌리 내린 우리는
우리는 낙동강 갈대들이 아니더냐고

어떤 날의 소묘 素描

서서 걷는 느낌표 있다
아니, 고개 숙인 물음표로
그려야겠다
심심한 파도 몸 뒤틀며 보채는
저 아래 백사장에서

개미처럼 꼼지락거리는
것들

쏟아지는 햇살 눈부셔
길 못 찾고
바람에 뒷등 맡겼다
모래 알갱이 스치고 간 자리
상처 아리다

사람아 사람아
오늘은 개미 먼저라네
느낌표 부호 되어 길 떠나는
개미들

저녁 풍경

골목시장 고갈비집
화덕 앞에서 눈물 찔끔
갈비 연기 피워 올린다

솔가지 잿불 다독거려
석쇠 얹어 놓고
자반고등어 굽던
아궁이 앞 울 엄니처럼

뱃살이든 소주 살이든
쌓이느니 세월인 것을
고갈빗살 지글지글
고향 마을 저녁 연기처럼
피어올라라
고갈비 골목 앞집 뒷집
뜸뜸이

이제나 저제나 오시려나
밥 먹으러 오라 부르시는
엄마 목소리

풍경이 지우는 풍경

금방이라도 터지도록
빵빵한 배낭
가파르게 휘어진 등에
걸머지고
다른 짐 또 하나는
손수레로 끌며

남은 손 채찍인양
허우적허우적
옆구리 재촉해 보지만
거리는 첩첩산중
갈 길은 가뭇가뭇

고개 들면 서녘 하늘
석양빛 눈 시려
걸음 놓칠까 노심초사.
이고 지고 걸치고 가는
삶이라는 옷 한 벌
벗을 수 없어
코밑 나침반 시키는 대로
한 발짝 또 한 발짝…

휴일 늦은 오후
남포동 거리는
적막한 풍경 하나 지우며
꾸역꾸역 흐르고 있었다

지금은 오리진중 五里塵中

입과 입이 충돌하는 침 튀기는 전쟁
비산飛散하는 말 말
말의 입자 세상을 가려 버리다
안개처럼 황사처럼 미세먼지처럼
지금은 오리무중
이니다 五里塵中이다

은하 너머 어느 행성에서 진화 중인
아메바가 전하는 우주통신 수상하다
몸살감기 신열 펄펄 끓고
수족냉증으로 몸져눕는 노쇠한 지구별의
버르장머리 고치려고 나섰다는
한 쪽으로 빼딱한 목뼈 축
제 자리에 돌려 기울어짐 없애겠다는

보름달 지렛목 삼아 지구별 얹어 놓고
지렛대 끝에 걸터앉아 위엄 떠는
아메바님의 처방전 공포로다
끙, 하고 엉덩이에 힘 한번 쓰면
지구 달 행성이 형평저울 위에서
봄 여름 가을 겨울이 일렬횡대
차등 없는 지구 세상 만들겠다는

우레 같은 으름장이
오늘은 창문에 꽁꽁 갇혀
입마개 야무진 어제 나들이에서
덧나버린 해소기침 달래야 한다
즐겨 찾던 뒷산 숲정이 오르는
나들이 길 거기 잘 있는지
더듬으면서

키 높이 꿈에 대하여

조그마한 슬래브 집과 슬래트 지붕
처마 기우는 기와집들 어깨 부딪고 살던 동네
송두리째 사라졌다
좁다란 골목길 담벼락에 등 기대고 마주 앉아
토닥거리던 이웃들
바람 앞에 마른 풀 검불처럼 흩어졌다
더러는 하늘 높이 치솟은 아파트 로얄 층에 돌아와
발코니 앉아 먼 수평선 내려다보는 꿈꾸기도 하면서
마주치면 아드등거리는 앙숙 멍멍이와 야옹이들
볕 바른 장독대 뒤에서는 언제 그랬냐는 듯
서로에게 발 뻗고 엉기어 늘어지게 코 골더니
공룡처럼 그르렁거리는 굴삭기 굉음에 혼비백산
그림자조차 보이지 않고 쫓겨나 버렸다
무너뜨리고 걷어 내고 파헤치는 몇 날 며칠
드디어 들어나는 땅의 속살 참았던 숨결이
무중력 깃털처럼 햇살 반기는
오늘은 식목일이자 청명이라네
내 아무리 시멘트 각질로 굳어 버린 심장이라지만
이런 날 왜 아니 나무 한 그루 심고 싶지 않으리오
젓가락을 꽂더라도 금새 뿌리 내릴 것 같이
폭신하지 않은가 4월의 땅 흙의 체온이
미루나무 가지 다발다발 꺾어 와 화살처럼 슝슝슝

꿔꽂이 묘목 꽂으려 하오
고층 아파트와 키높이 경쟁에서 패배자 되면
버짐나무 가로수처럼 모가지 댕강댕강 잘릴 줄
뻔히 알지만 그때마다 맞서서 미루나무 심으려 하오
고향마을 도랑 길 따라 까치집 머리에 이고 서서
푸른 하늘 흰 구름 불러 노니는 미루나무 보다 높은
키높이 우상은 세상 어디에도 없다 믿으니까요

명지 신도시 거닐며

천재지변 귀띔하는 바다 울림이
풍경 되는 풍경 속으로 이사한
어느 집들이에 갔다가
바다 가로 막아 성벽처럼 길게 뻗은
방파제 둑길 걸으며
울음이 풍경 되는 풍경 속에 있었다

명품 갯벌 위에 세운 명품 시티 시민답게
명품 마음으로 다듬어진 사람들이 모여
살아가는 명품 신도시이겠거니 부러워하면서

도시가 쳐들어오기 전 여기는
개구리 맹꽁이 흰뺨검둥오리 해오라기들
갈숲 바람 더불어 은하수 별빛 아래서
여름밤 축제 열며 화엄 세상이었으니

빽빽한 시멘트빌딩 저 밑바닥에 깔려
짓뭉개어지는
갯벌 망령들의 울부짖음이 귀청에 들러붙어
아비규환이 풍경되는 상상 풍경 속 거닐면서
휘황 찬란 불빛 도시 행복으로 가는 길이
누군가에게는 적막일수도 있겠다 생각했다

어느 오후를 위한 도모 圖謀

으스스 소슬바람에
야위어
핼쑥한 오후의 햇살
측은하여
자갈치시장 골목 걸으려 한다
어깨 부딪는 장삼이사들
사이에서 슬쩍슬쩍
사람 사는 눈높이 훔쳐보며
어슬렁거리려 한다
영원한 구제 불능 어느 갑질족
안주 삼아 쫀득쫀득
돼지껍데기 꼬들꼬들 씹으며
소주 한 잔 걸치려 한다
혼술하는 내 모양 흘깃거리는
주모에게 은근슬쩍
소주 한 잔 건네려 한다

아비와 손님

갈색 중절모 옥양목 두루마기
어머니 친정 쪽으로
오빠뻘 되는 분이 다녀가신 뒤
'하이얀 모시 손수건'마저
물수제비 추억처럼 잊혀지는
손님이라는 말

파티 초대 회식 초대 결혼식 초대…
흔하디 흔한 초대 상 앞에서
한 자리 머릿수 대접 아닌
손님이었던 적 있었나요

한파주의보 아랑곳 않고
부산 송도 앞바다를 찾아온
'아비'라는 철새가 되찾아 주었다
손님이라는 말 귀한 제자리를
초대한 적 없어도 반가운
툰드라에서 오신 겨울 진객이

실종되었던 손님이라는 말
내 마음 사랑방으로 모시고
마주 앉았다

씨나락 항아리에서 잘 익힌 홍시랑
녹두전 파전 노릇노릇 지져 내고
막걸리 한 상 차려서

바람의 묘비명

- 박준홍 제5시집

정가 11,000원

지은이 박준홍
펴낸이 조준형
편집 송영미, 조민경
표지디자인 송영미

2018년 06월 15일 초판 1쇄 발행

펴낸곳 도서출판 **스토리팜** storyfarm book
주소 부산광역시 중구 구덕로 38. 2층 (남포동 4가 2-4)
전화 051) 253-0001 팩스 051) 245-1187
등록 제 2011-000004호 www.storyfarmbook.com
도서출판 스토리팜은 해광출판사의 단행본 임프린트 출판사입니다.

도서출판 스토리팜에서는 여러분의 소중한 원고와 함께 할 기회를 기다리고 있습니다. 책으로 엮을 원고나 아이디어가 있으신 분들은 이메일 mwdangbook @hanmail.net로 책에 대한 간단한 개요와 원고 전체 또는 일부를 연락처와 함께 보내주십시오.

이 도서의 국립중앙도서관 출판예정도서목록(CIP)은 서지정보유통지원시스템 홈페이지(http://seoji.nl.go.kr)와 국가자료공동목록시스템(http://www.nl.go.kr/kolisnet)에서 이용하실 수 있습니다.
(CIP제어번호: CIP2018017211)

※ 본 도서는 2018년 부산광역시, 부산문화재단 지역문화예술특성화지원사업으로 지원을 받았습니다.